【太极冠军演练图谱】

二十四式太极拳

乔熛　侯雯　编著

河南科学技术出版社
·郑州·

图书在版编目（CIP）数据

二十四式太极拳 / 乔熛，侯雯编著．—郑州：河南科学技术出版社，2013.1（2013.8 重印）
（太极冠军演练图谱）
ISBN 978-7-5349-4957-9

Ⅰ．①二… Ⅱ．①乔… ②侯… Ⅲ．①太极拳－图谱 Ⅳ．① G852.11-64

中国版本图书馆 CIP 数据核字 (2011) 第 261739 号

出版发行：河南科学技术出版社
地址：郑州市经五路 66 号　　邮编：450002
电话：（0371）65788633　65788613
网址：www.hnstp.cn
策划编辑：韩雅楠
责任编辑：韩雅楠
责任校对：柯　姣
美术设计：张　伟
摄　　影：高　翔
责任印制：张　巍
印　　刷：河南省瑞光印务股份有限公司
经　　销：全国新华书店
幅面尺寸：240 mm × 170 mm　印张：5.25　字数：64 千字
版　　次：2013 年 1 月第 1 版　2013 年 8 月第 2 次印刷
定　　价：22.00 元

作者介绍

乔熛，武术国家级教练，国家级裁判，硕士生导师，中国武术协会委员，中国武术科学学会委员。

现任河南省太极拳队总教练、郑州大学体育学院民族传统体育系主任、中原武术文化研究中心副主任、河南省武术运动管理中心副主任、河南省武术科学分会常务理事。

先后培养出丁杰、王二平、马建超、张振兴、杨艳、侯雯等多名武术精英，其中获得世界冠军三个，亚洲冠军七个，全国冠军五十多个；九次获得国家体委颁发的体育运动奖章和证书，五次被河南省人民政府记功，获得河南省人民政府一次通令嘉奖，被誉为“金牌教练”。

作者介绍

侯雯，国家级运动健将，中国武术六段，中华人民共和国国家级社会体育指导员，全国援外教练员，三武挖整太极组技术总指导，火烈鸟武术图书企划室副主任。

侯雯自幼习武，技艺超群，十五岁即获得全国青少年武术锦标赛太极拳第一名。后被乔熛教练选入河南省太极拳队，屡获太极拳全国冠军，成绩斐然，并多次随中国武术代表团出访世界多国。

她练的太极拳，动作轻灵，劲法飘逸，架势优美，被誉为“美女太极”。

目录

第一式 起势

图 1.1
心静体松，并步站立

图 1.2
头正颈直，沉气提脚

图 1.3
目光平视，左脚开步

图 1.4
脚同肩宽，脚尖向前

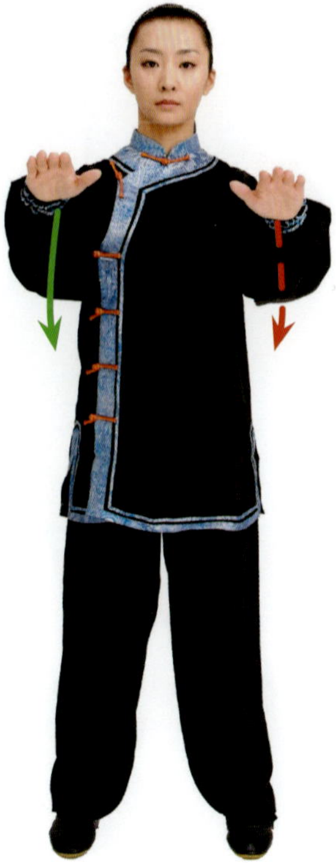

图 1.5
两臂前举，与肩同高

图 1.6
沉肩坠肘，屈膝下按

第二式 左右野马分鬃

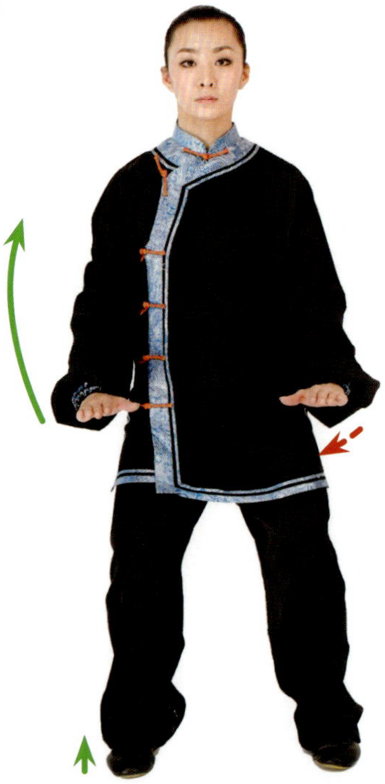

图 1.7
两掌下按，掌落腹前

图 2.1
扣脚转体，旋臂内合

图 2.2
左脚内收，怀中抱球

图 2.3
上体左转，抱球迈步

图 2.4
重心过渡，两掌交替

图 2.5
弓步分掌，左掌斜上

图 2.6
重心后移，旋臂摆脚

图 2.7
摆脚前移，两掌合抱

图 2.8
上体左转，抱球收脚

图 2.9
右脚迈步，两掌交替

图 2.10
重心过渡，前后分掌

图 2.11
弓步分掌，右掌斜上

图 2.12
重心后移，身体中正

图 2.13
摆脚旋臂，重心前移

图 2.14
左脚内收，怀中抱球

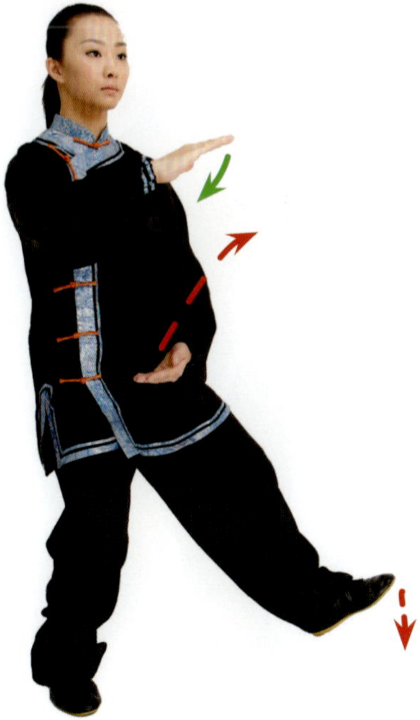

图 2.15
怀中抱球，左脚迈步

图 2.16
重心过渡，两掌交替

图 2.17
弓步分掌，左掌斜上

第三式 白鹤亮翅

图 3.1
右脚跟步，旋臂合抱

图 3.2
重心后移，身体直立

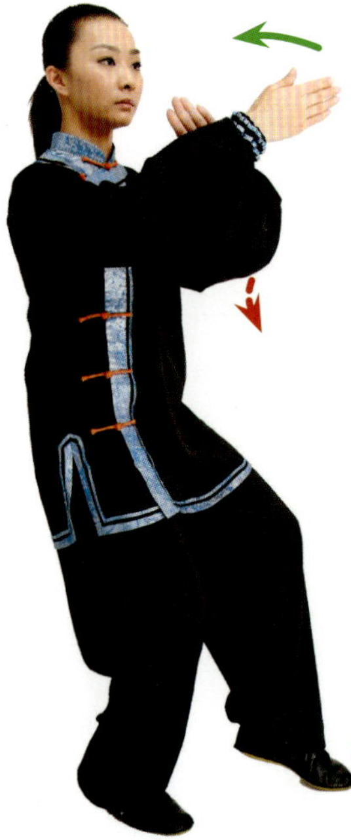

图 3.3
左脚虚步，转体搭腕

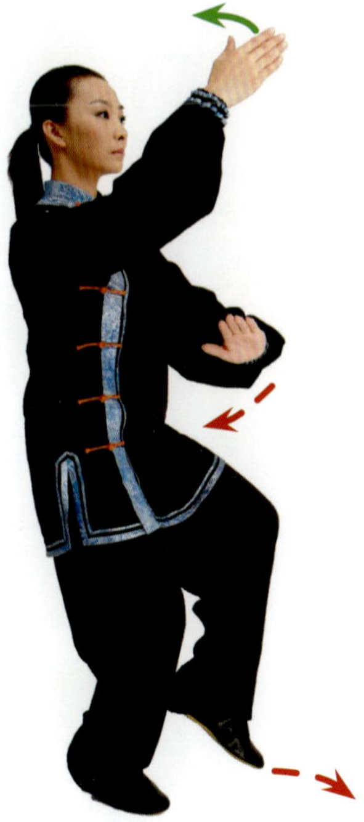

图 3.4
左脚抬起，转体分掌

图 3.5
上举额前，下落胯旁

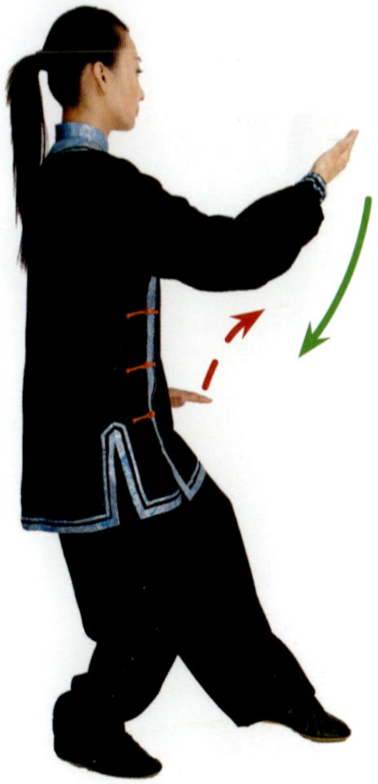

图 4.1
转体摆掌，右臂旋落

图 4.2
两掌交替，旋臂摆掌

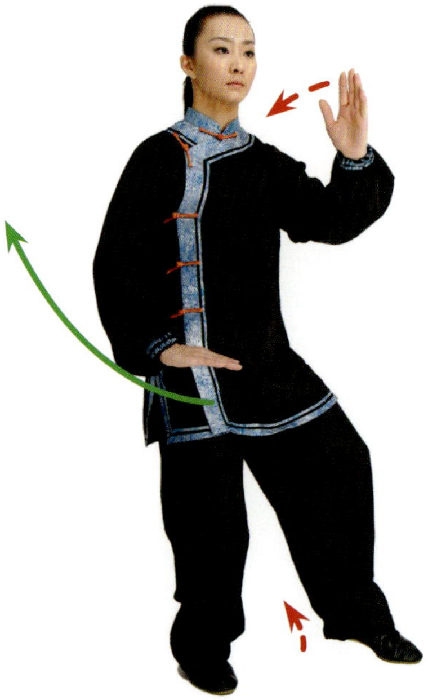

图 4.3
继续转体，目视左掌

图 4.4
左脚内收，右掌上举

图 4.5
左脚迈步，右掌卷收

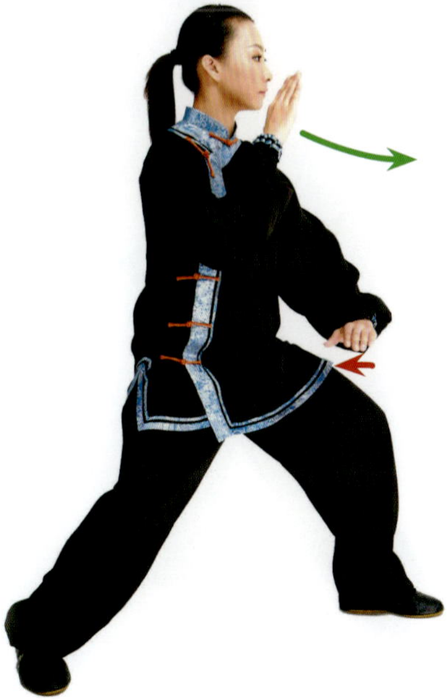

图 4.6
重心过渡，左臂屈肘

图 4.7
前移弓步，搂膝推掌

图 4.8
重心后移，左臂外旋

图 4.9
摆脚转体，重心前移

图 4.10
右脚内收，左臂外旋

图 4.11
右脚迈步，左掌卷收

图 4.12
重心过渡，右臂屈肘

图 4.13
前移弓步，搂膝推掌

图 4.14
重心后移，右脚翘起

图 4.15
摆脚前移，右掌转上

图 4.16
上体右转，右掌外旋

图 4.17
左掌下落，右掌上托

图 4.18
左脚内收，右掌卷收

图 4.19
左脚迈步，左掌下落

图 4.20
重心过渡，左臂屈肘

图 4.21
前移弓步，搂膝推掌

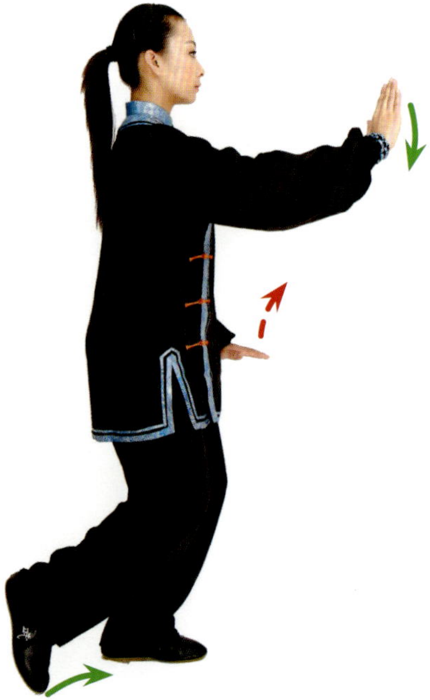

图 5.1
重心前移，右脚跟步

图 5.2
重心后移，舒掌转体

图 5.3
左脚抬起，上体回转

图 5.4
左脚落步，胸前合臂

第六式 左右倒卷肱

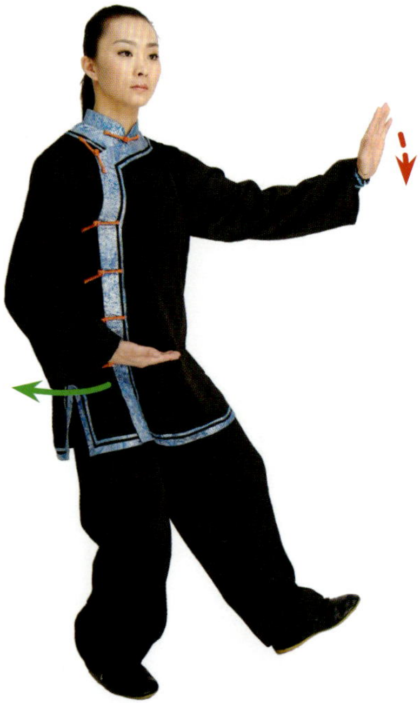

图 6.1
上体右转，右掌外旋

图 6.2
右掌划弧，左臂外旋

图 6.3
旋臂转掌，两掌向上

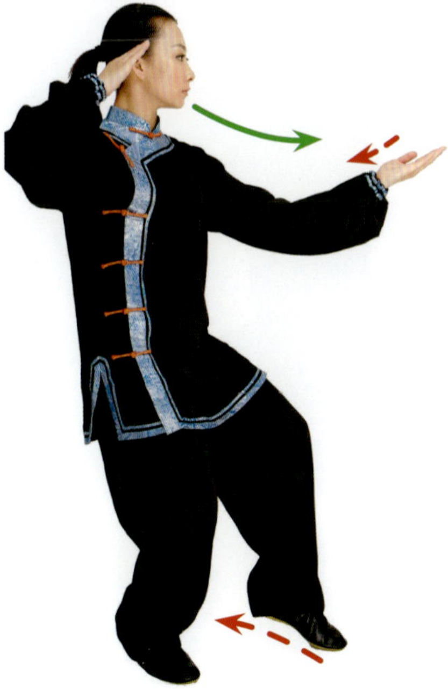

图 6.4
抬脚屈肘，右掌卷收

图 6.5
左脚退步，右掌前推

图 6.6
重心后移，虚步推掌

图 6.7
左掌划弧，右臂外旋

图 6.8
旋臂转掌，两掌向上

图 6.9
抬脚屈肘，左掌卷收

图 6.10
右脚退步，脚尖着地

图 6.11
重心后移，左掌前推

图 6.12
虚步推掌，右掌回收

图 6.13
旋臂分掌，两掌向上

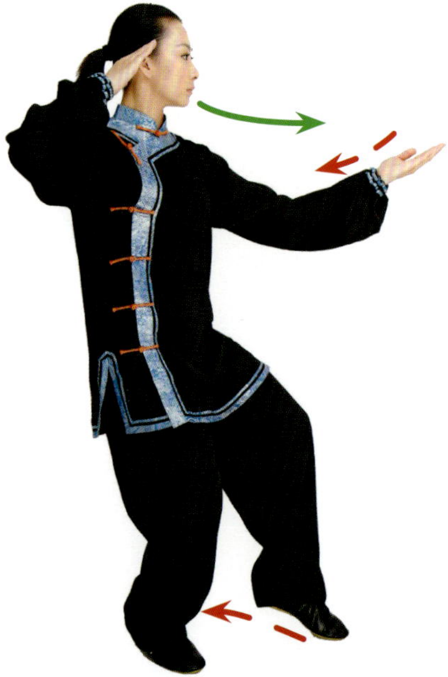

图 6.14
抬脚屈肘，右掌卷收

图 6.15
左脚退步，右掌前推

图 6.16
重心后移，虚步推掌

图 6.17
左掌划弧，右臂外旋

图 6.18
旋臂分掌，两掌向上

图 6.19
抬脚屈肘，左掌卷收

图 6.20
右脚退步，脚尖着地

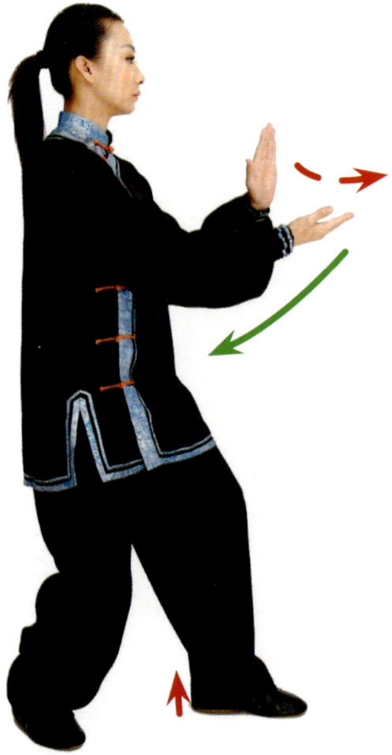

图 6.21
重心后移，左掌前推

第七式 左揽雀尾

图 6.22
虚步推掌，右掌回收

图 7.1
转体旋臂，两掌划弧

图 7.2
左脚内收，怀中抱球

图 7.3
上体左转，抱球迈步

图 7.4
重心过渡，两掌交替

图 7.5
弓步前掤，右掌下按

图 7.6
上体左转，两掌前伸

图 7.7
旋臂翻掌，阴阳分明

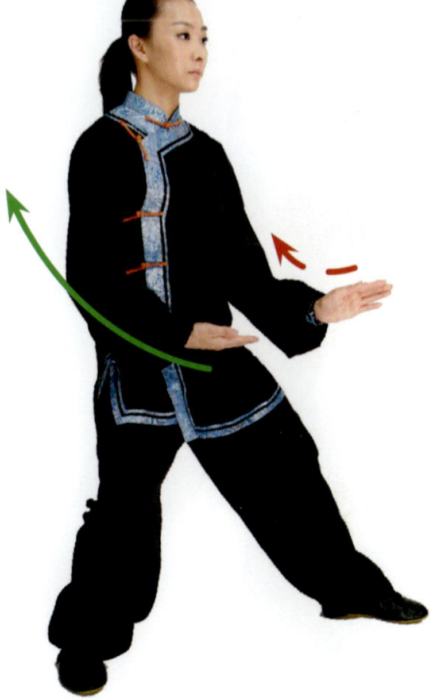

图 7.8
重心后移，两掌下捋

图 7.9
转体划弧，目视右掌

图 7.10
屈臂卷收，两掌相对

图 7.11
弓步前挤，两臂撑圆

图 7.12
旋臂翻腕，两掌向下

图 7.13
后坐收掌，屈臂内旋

图 7.14
两掌相对，收至胸前

图 7.15
两掌下按，落至腹前

图 7.16
重心过渡，两掌前推

图 7.17
弓步推掌，与肩同宽

第八式 右揽雀尾

图 8.1
扣脚转体，掌随体动

图 8.2
右脚外摆，转体分掌

图 8.3
重心左移，两掌合抱

图 8.4
右脚内收，怀中抱球

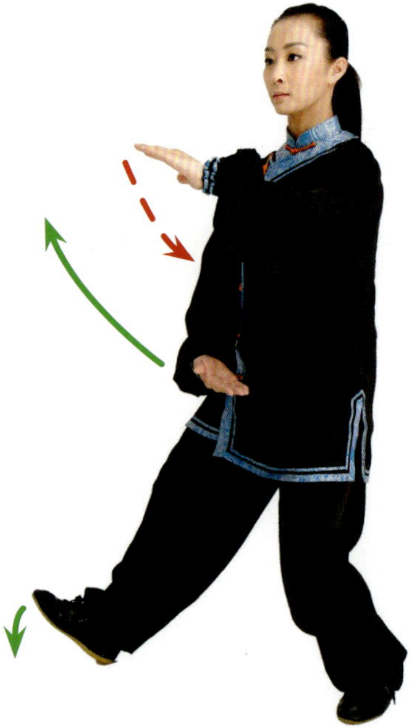

图 8.5
上体右转，抱球迈步

图 8.6
重心过渡，弓步前掤

图 8.7
上体右转，两掌前伸

图 8.8
重心后移，两掌下捋

图 8.9
转体划弧，目视左掌

图 8.10
屈臂卷收，两掌相对

图 8.11
弓步前挤，两臂撑圆

图 8.12
旋臂翻腕，两掌交叉

图 8.13
两掌外分，与肩同宽

图 8.14
后坐收掌，屈臂内旋

图 8.15
两掌下按，落至腹前

图 8.16
重心过渡，按掌前推

图 8.17
弓步推掌，与肩同宽

图 9.1
重心左移，翘脚旋臂

图 9.2
扣脚划弧，转体云掌

图 9.3
重心右移，两掌交替

图 9.4
立圆云掌，上体右转

图 9.5
左脚内收，右掌变勾

图 9.6
左脚迈步，左掌划弧

图 9.7
重心前移，弓步落掌

图 10.1
重心右移，左脚翘起

图 10.2
扣脚转体，左掌划弧

图 10.3
重心左移，两掌交替

图 10.4
上体左转，立圆云掌

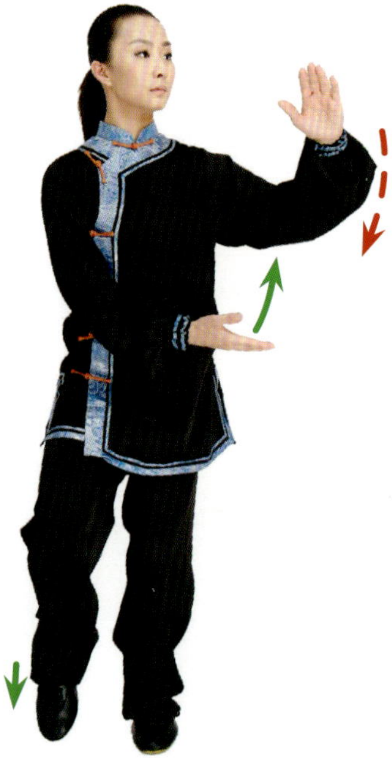

图 10.5
左脚横收，立圆旋臂

图 10.6
收脚屈膝，两掌交替

图 10.7
两掌交替，面向前方

图 10.8
左脚横开，立圆云掌

图 10.9
重心左移，两掌交替

图 10.10
上体左转，立圆云掌

图 10.11
右脚横收，立圆旋臂

图 10.12
落脚屈膝，两掌交替

图 10.13
两掌交替，面向前方

图 10.14
左脚横开，立圆云掌

图 10.15
重心左移，两掌交替

图 10.16
上体左转，立圆云掌

图 10.17
右脚横收，立圆旋臂

图 10.18
落脚屈膝，两掌交替

第十一式 单鞭

图 11.1
两掌交替，面向前方

图 11.2
旋臂握勾，左脚抬起

图 11.3
上体左转，左脚迈步

第十二式 高探马

图 11.4
重心过渡，弓步落掌

图 12.1
重心前移，旋臂向上

图 12.2
跟步屈肘，右掌卷收

图 12.3
重心后移，抬脚前推

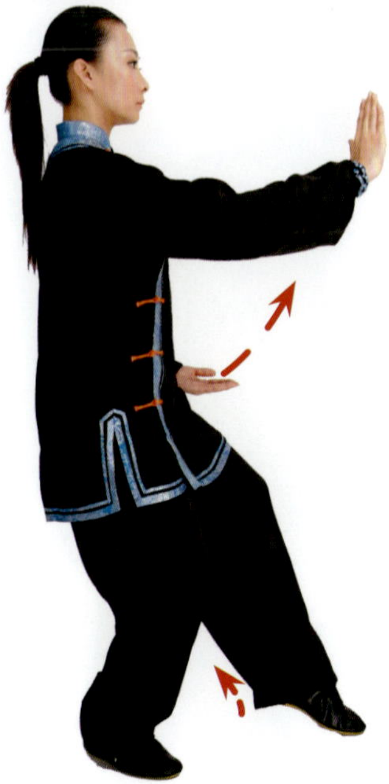

图 12.4
左掌回收，虚步推掌

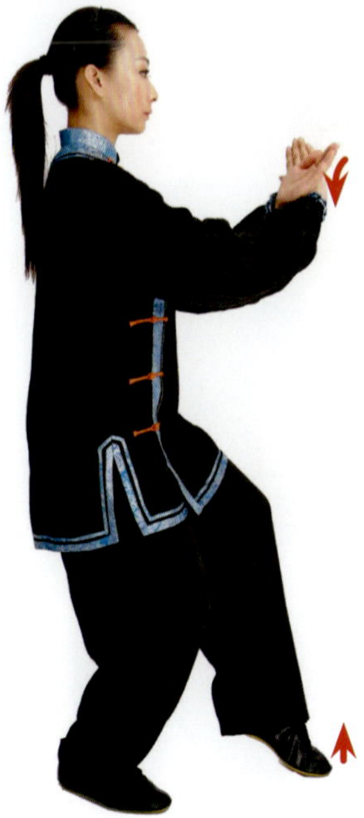

图 13.1
左掌上穿，掌背相叠

图 13.2
左掌翻转，两掌向下

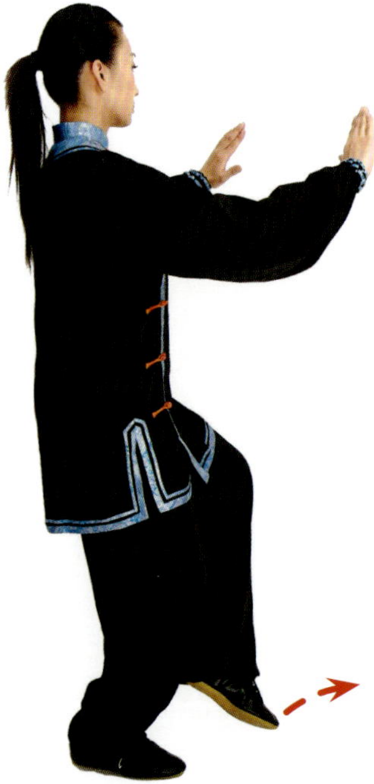

图 13.3
两掌外分，左脚上提

图 13.4
左脚迈步，松腰落胯

图 13.5
重心前移，划弧合掌

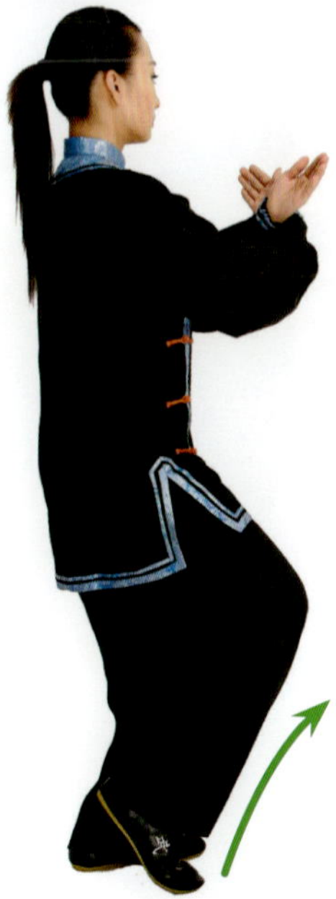

图 13.6
右脚内收，两掌合抱

图 13.7
右膝上提，独立抱掌

第十四式 双峰贯耳

图 13.8
分掌蹬脚，目视右掌

图 14.1
屈膝收腿，单脚站立

图 14.2
两掌相合，旋臂向上

图 14.3
落步落掌，掌落腹前

图 14.4
重心过渡，旋臂变拳

图 14.5
弓步贯拳，拳与耳齐

图 15.1
重心左移，转体翘脚

图 15.2
扣脚转体，划弧分掌

图 15.3
重心右移，两掌下落

图 15.4
左脚内收，两掌合抱

图 15.5
左膝上提，独立抱掌

图 15.6
分掌蹬脚，目视左掌

图 16.1
屈膝收腿，合掌勾手

图 16.2
落步横开，左掌下落

图 16.3
仆步穿掌，掌指向前

图 16.4
摆脚前穿，掌指向前

图 16.5
重心后移，扣摆挑掌

图 16.6
弓步挑掌，目视左掌

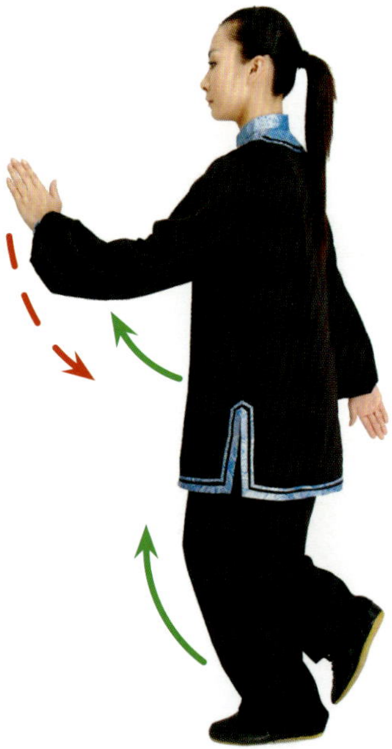

图 16.7
右脚前收，右勾变掌

图 16.8
右膝上提，屈臂挑掌

图 17.1
脚掌着地，上体左转

图 17.2
掌落肩前，右掌变勾

图 17.3
勾手上提，略高于肩

图 17.4
右脚横开，屈腿下蹲

图 17.5
全蹲仆步，右掌前穿

图 17.6
摆脚弓步，挑掌旋勾

图 17.7
左脚内扣，身体略转

图 17.8
重心后移，脚尖外摆

图 17.9
弓步挑掌，勾尖向上

图 17.10
左脚前收，左勾变掌

第十八式 左右穿梭

图 17.11
左膝上提，屈臂挑掌

图 18.1
屈腿落脚，上下合掌

图 18.2
落脚迈步，重心前移

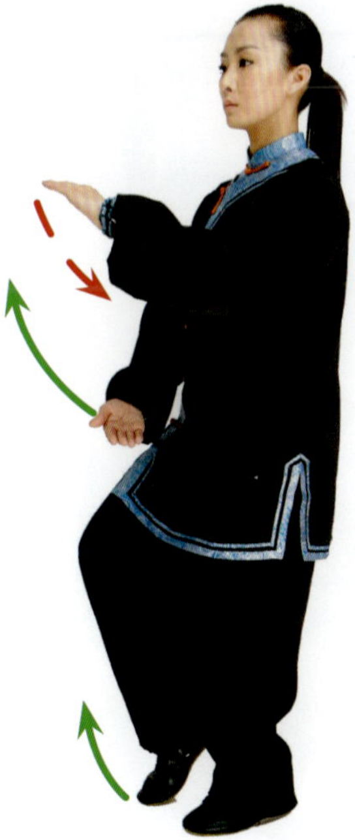

图 18.3
右脚内收，怀中抱球

图 18.4
上体右转，分掌交替

图 18.5
右脚迈步，旋臂翻掌

图 18.6
弓步架推，目视左掌

图 18.7
重心前移，两掌合抱

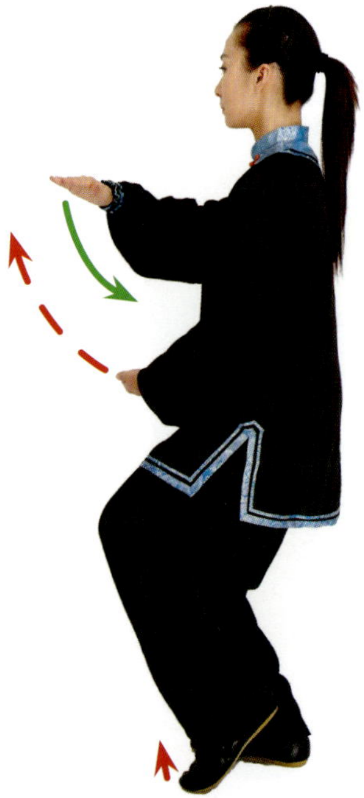

图 18.8
左脚内收，怀中抱球

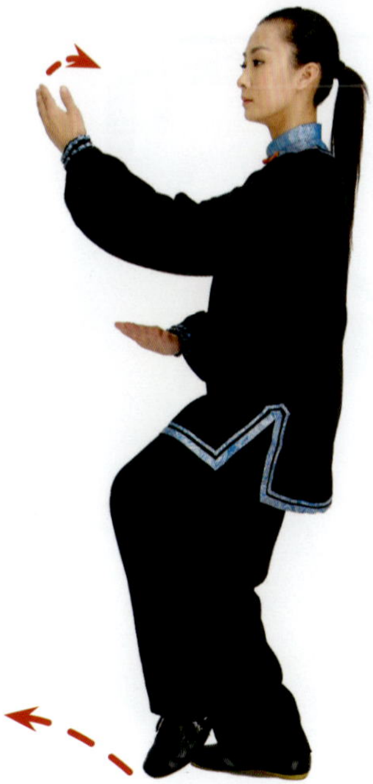

图 18.9
抬脚转体，两掌交替

图 18.10
左脚迈步，旋臂翻掌

图 18.11
重心过渡，弓步架推

第十九式 海底针

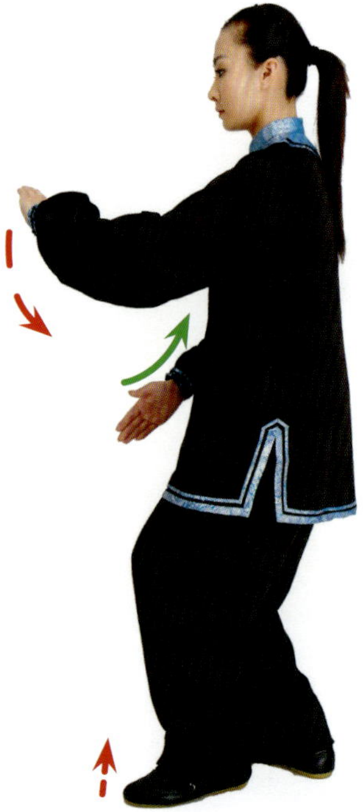

图 19.1
跟步后坐，立圆落掌

图 19.2
抬脚提掌，右掌齐耳

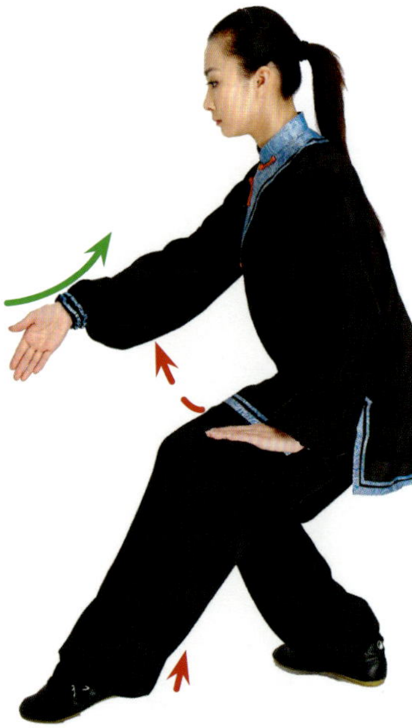

图 19.3
左掌划弧，虚步插掌

第二十式 闪通臂

图 20.1
抬脚提腕，掌附腕内

图 20.2
左脚迈步，旋臂翻掌

图 20.3
弓步架推，目视左掌

第二十一式 转身搬拦捶

图 21.1
后坐扣脚，立圆落掌

图 21.2
转体左移，右掌变拳

图 21.3
右脚内收，左掌下按

图 21.4
右脚内收，按掌搬拳

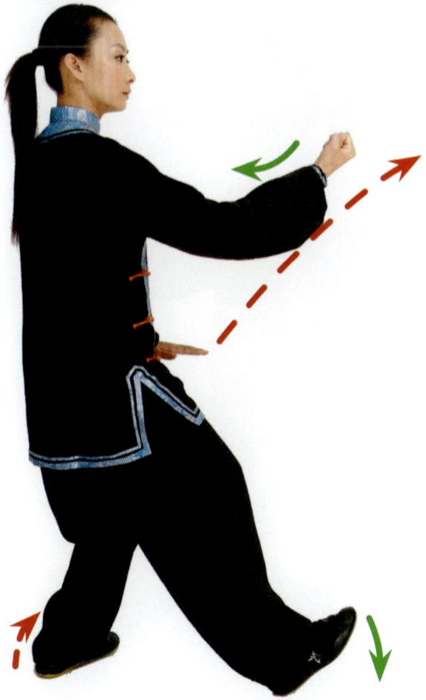

图 21.5
右脚迈步，翻转搬拳

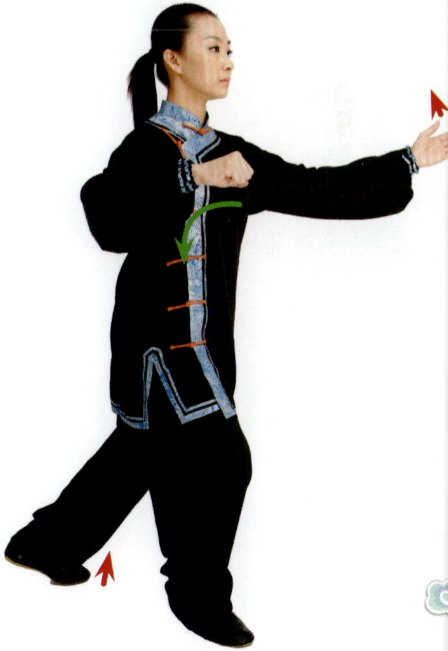

图 21.6
摆脚前移，转体旋臂

图 21.7
前移收脚，拳旋腰间

图 21.8
左脚迈步，划弧拦掌

图 21.9
重心过渡，旋臂打捶

图 21.10
弓步冲拳，掌附臂内

图 22.1
左掌翻转，两掌向上

图 22.2
穿掌划弧，与肩同宽

图 22.3
后坐收掌，屈臂内旋

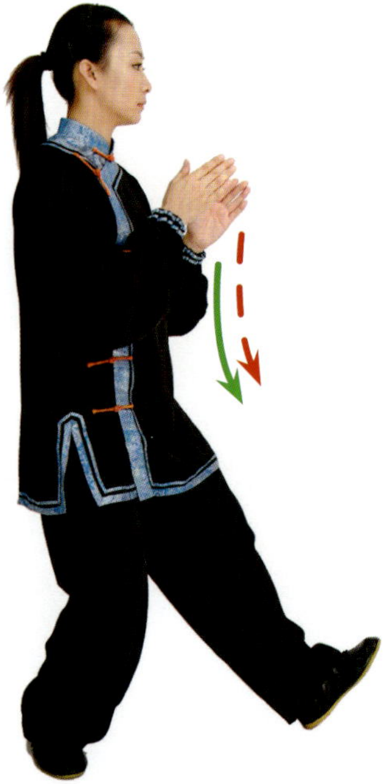

图 22.4
两掌相对，收至胸前

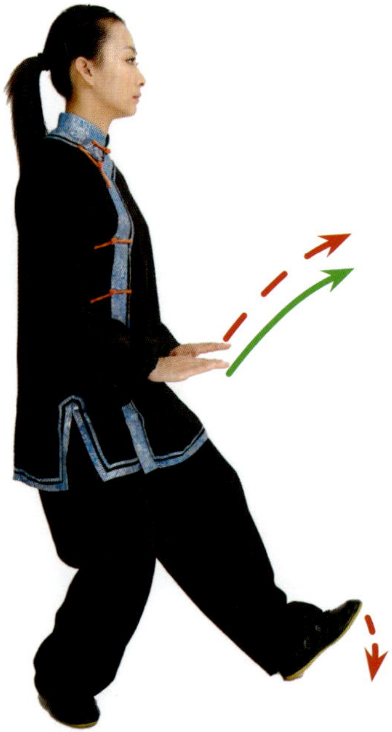

图 22.5
两掌下按，落至腹前

图 22.6
重心过渡，按掌前推

图 22.7
弓步推掌，与肩同宽

图 23.1
扣脚转体，掌随体动

图 23.2
右脚外摆，转体分掌

图 23.3
重心左移，划弧合掌

图 23.4
抬脚收步，胸前合抱

第二十四式 收势

图 23.5
两臂撑圆，屈膝半蹲

图 24.1
旋臂翻掌，两掌向下

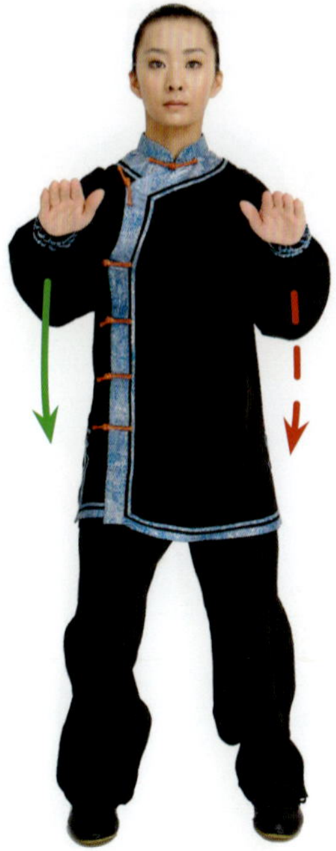

图 24.2
两臂平分，与肩同宽

图 24.3
垂臂落掌，徐缓直立

图 24.4
目光平视，左移收步

图 24.5
左脚收回，头正颈直

图 24.6
并步还原，气沉丹田